coleção
rosa manga

NEM SEMPRE NÉVOA

ELISA NAZARIAN

NEM SEMPRE NÉVOA

1ª edição, 2025, São Paulo

LARANJA ORIGINAL

"*Inutile de mourir pour disparaître. Il suffit de n'être rien pour personne.*"

Stardust, Léonora Miano

Para Valentina, a menina de cabelos dourados

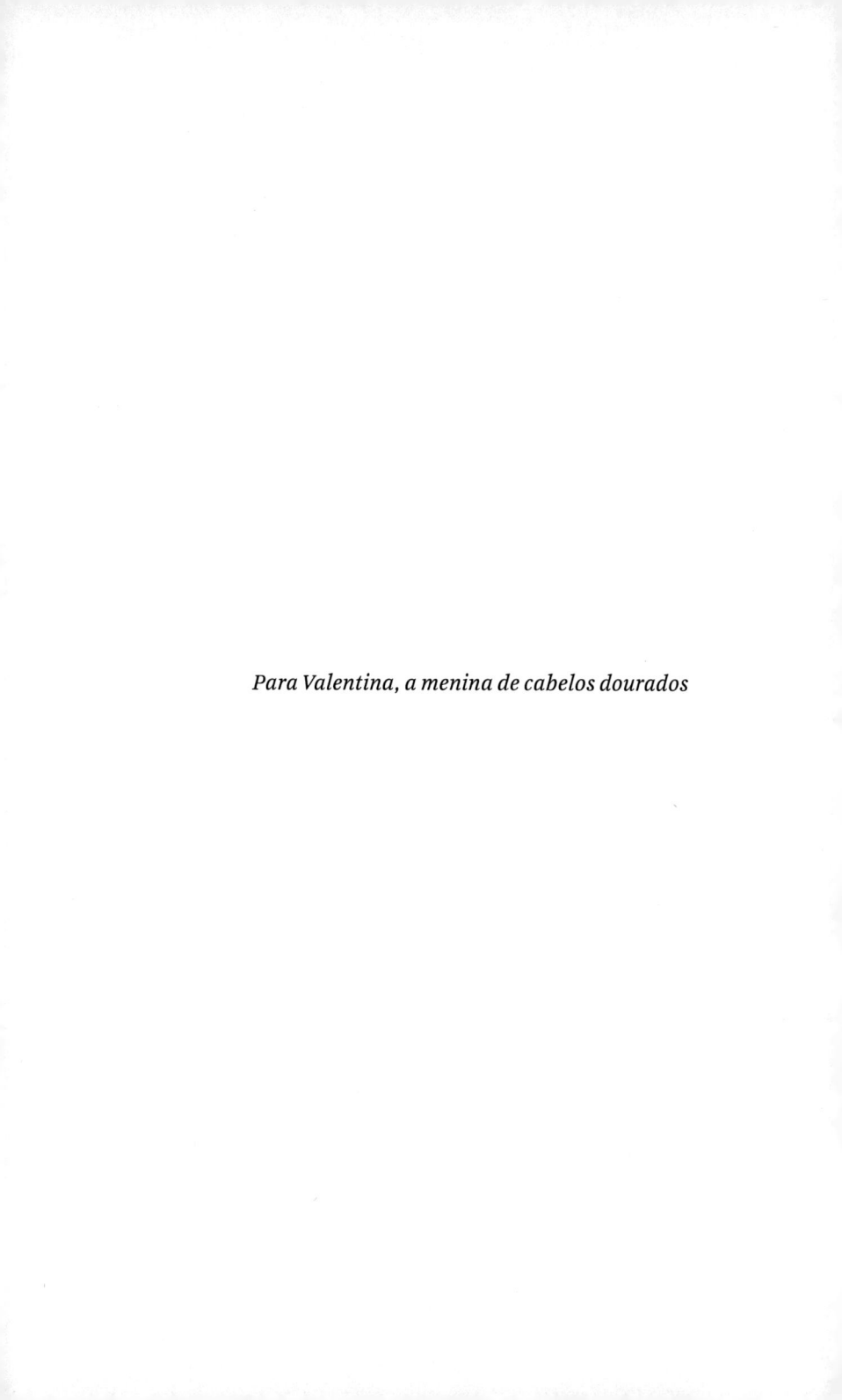

Hoje é sábado
pescoço de cágado
o cágado é duro
não tem futuro,
o futuro é distante,
precisa barbante,
o barbante é comprido
amarra o tornido,
o tornido está cru,
melhor pra urubu,
urubu não tem graça,
não come uva-passa,
uva-passa é bastante,
mas não pra elefante,
o elefante é otário,
não cabe no armário,
o armário é de pano,
o cano furou.

(Em parceria com Guilherme de Faria,
no começo)

A menina desenhou um tamanduá, pai da sua filha ursa, e o desenho do tamanduá ficou preso na porta da minha geladeira até se manchar com alguns respingos d'água e ser guardado para não se perder de vez. A mesma menina que veio me ancorar à vida, descobrir folhas e pedrinhas sobre as calçadas imundas, coquinhos caídos na praça. A menina da menina que saiu de mim e que gosta quando dizem que seus cabelos são dourados.

    A ursa, filha da menina, chama-se Lúcia. Ursa Lúcia. E tem macacão, gorro e casaco feitos por mim.

    A Ursa Lúcia está quase um fiapo de tão vivida.

A doce lembrança da fazenda do meu avô. Ele na porta da casa, soprando o apito para os netos virem almoçar. Ou cheirando folhas dobradas de eucalipto. A igrejinha sempre cheia de marimbondos. O nevoeiro ao amanhecer. Os cavalos. A paineira. O mugido de uma vaca.

"Eu te amo." Uma pausa. Um esforço. "Você nem avalia quanto." Foi isso o que ele me disse deitado naquela cama do hospital, olhos entreabertos, respiração apressada, o homem que me foi importante desde os meus quatro anos; o homem que me é importante desde sempre e que agora, com as asas quebradas, jaz naquele hospital, exausto, procurando a morte.

Quero que ele se vá, mas não me deixe.

Quero voltar a ser menina, sem noção dos buracos que vão se abrindo no meu peito.

Um sapo-martelo anda perdido aqui ao lado de casa.
Só não me irrito porque sei que é sapo, mas é um só,
e o martelar de um só fica enfadonho.

Depois que ela nasceu, dei pra assobiar. E como ninguém mais assobia, vez ou outra me deparo com olhares surpresos, quando nem me dei conta de estar assobiando.

Um idoso olhou-me, enérgico, dizendo: "Mulher não pode assobiar. É falta de educação".

Um entra e sai de gente que caminhava por aquela casa discutindo Kurosawa, Lautréamont, Nietzsche, segurando a taça de vinho pela haste, dedo mindinho arrebitado, eu, menina quase, que nem calça jeans me deixavam ter, sorvendo um mundo que não era meu, mas era. Portas se abrindo para uma terceira dimensão.

Foi quando ele me chamou para dançar. Eu, com meu barrigão de oito meses.

Companheiro longe por mais de um mês, não conhecia senão esse outro naquela cidade estranha.

Já tínhamos ido à praia várias vezes, jantamos juntos, conversamos muito, mas dançar era algo maior, uma proximidade de corpos, cheiros, tato, a respiração sincopada, o desejo.

Não fui.

De tudo, o que primeiro se perde são os olhos, ficam baços. Acho pior que as rugas.

Eu tinha pouco mais de um ano quando minha mãe me deixou sentada na beira do mar para ir buscar uma toalha. Lá perto.

Quem me salvou da onda que me levava foi meu irmão de quatro anos, me puxou pelo braço.

Nem assim ficamos mais próximos. Acho que ele nem se lembra disso.

Soquei o punho no vidro da estante, mas o que eu queria mesmo era gritar feito doida, sem pressa de terminar aquele grito que se retorcia dentro de mim. O soco foi puro gesto dramático, sem a mínima verdade. Como aconteceu na morte do meu filho. Desci desabalada a escada do hospital, sentindo cada um dos meus pés naquela corrida falsa, sem saber o que se faz quando um filho morre, um rombo se abrindo dentro da gente, alargando-se antropofágico e nos puxando da borda.

Tão serena essa mulher que conta as carreiras do tricô para não passar do ponto!

Na primeira vez, foi meu irmão quem insistiu para que eu fosse a Nova York. Fui com medo de soltar as amarras. Pickwick Arms Hotel, Gregory Hines, William Trevor, Sam Shepard, Gap, Central Park, Basquiat, Rizzoli, vitrines de Natal, Dawn Powell, Lucian Freud, a árvore do Rockfeller Center, *Mr. and Mrs. Bridge*, pecan pie, Lincoln Center, *Three Tall Women*, Rodin, Waldorf Astoria, Tracy Chapman, American Craft Museum, *Little Drummer Boy*, os jazzistas do metrô. Dezenas de vezes. E mais dezenas eu iria.

    Minha alma inquieta paira eternamente em Nova York.

A perereca grudou na perna dele quando entrou no chuveiro precisado de uma ducha. Ouvi o grito lá da sala; eu, de luto, tentando realinhar a minha vida num lugar junto ao mar, céu estourando de azul.

A perereca fez contraponto com o rato, que um ano antes desceu pelo cortinado e passou por cima dele, em meio ao nosso sono. Nós dois escondidos numa casinha de colono em lugar incerto, fugindo da família que não aceitava o absoluto da minha paixão. Ele acordando com um grito, nossa vida em comum apenas começando.

Medo de água. Medo de afundar a cabeça e perder as referências do mundo. Deixar de ouvir. Faltar o chão. Sem direita ou esquerda, em cima ou embaixo.

Era imensa e sólida, expressão fechada, mas ficava de quatro para meus filhos brincarem de elefante e de escalar montanhas, numa paciência infinita. Carregava a culpa de uma filha largada com vizinhos, muito tempo atrás. Isso eu soube bem depois, quando já íamos no adiantado das conversas e ela se via no direito de insistir com meus filhos numa vitamina batida no liquidificador, que eles detestavam.

Decidi escrever para o padre e para o delegado da cidadezinha perdida no norte de Minas perguntando pela filha. Até hoje não sei se fiz bem. Seis meses depois, soubemos da moça: prostituta, com um bebê, dormindo em chão de terra batida. Mandei buscar.

Por um tempo, ela e a criança ficaram em casa com a mãe, a moça sem qualquer encantamento, só fúria.

Um dia, aproveitando a casa vazia de nós, e a ida da mãe ao supermercado, catou o filho e foi-se embora, sem bilhete, sem perdão. E começou um vaivém que se estendeu vida afora, amargurando a mãe até sua morte, represada em amor não compartilhado.

Parte disso me foi sendo contado aos poucos por ela, quando já não trabalhava em casa, mas da morte eu só soube um ano depois. Veio morrer junto a uns vizinhos, doente e triste, o dinheiro da venda da própria casa tomado pela filha. Já não tinha desejo de nada.

Senti uma culpa que talvez nem fosse minha.

Não fosse pela cachorrinha, tudo continuaria exatamente igual, igual demais. As mesmas manhãs, as mesmas ausências, as mesmas carências, o mesmo olhar mentiroso no espelho, o mesmo medo de olhar para a frente.

Nos tempos em que meu segundo filho acreditava em Papai Noel, fez três pedidos insólitos como presente de Natal. Em um deles, uma fantasia do Popeye; no outro, uma cartola; e no terceiro, uma jaqueta de motoqueiro, o mais difícil.

A certeza de que os presentes chegariam era absoluta. Afinal, ele testemunhara o próprio Papai Noel a bordo de um helicóptero em dia de muito vento e depois fora carregado por ele, beijara seu rosto e constatara: "Papai Noel não tem bochecha, só algodão".

O primeiro pedido foi resolvido por uma tia minha junto a uma costureira. Ficou perfeito. O segundo foi o pai quem confeccionou com um papel-cartão acamurçado, uma cartola magnífica. Mas para o terceiro foi preciso muito empenho. O pedido foi feito em cima da hora, em pleno verão. Ninguém vendia jaqueta, muito menos para uma criança de sete anos. Fui a todas as lojas infantis que conhecia, e nada. No adiantado da hora, entrei na última loja que faltava, quase um corredor de tão estreita. Contei para o dono o meu estado de emergência. Ele pensou um pouco e me pediu que esperasse. Subiu até o estoque e pouco depois desceu com a única jaqueta que restara: preta, tamanho perfeito, um tigre de boca escancarada nas costas, linda. Esperando por mim. Feita para ele.

Guardo a jaqueta até hoje. E ainda me lembro do nome da loja: Amarelinha.

Era um riacho tranquilo, que corria pela mata na fazenda do meu avô, onde meu irmão pescava lambari e acará. O gorgolejo daquela água era parte integrante da minha felicidade, junto ao cheiro do suor dos cavalos, o bafo das vacas, o cacarejar das galinhas.

Um dia a chuva veio com uma intensidade jamais vista; o riacho transbordou, virou um lago escuro e cercou a casa-sede da fazenda, construção acanhada e doce.

O administrador montou no cavalo mais alto e tentou atravessar aquele mundão de água em busca de socorro. E ali, na frente de todos, na frente dos filhos, em questão de segundos, sumiu para sempre num tropicão do cavalo.

Foi assim que me contaram.

Oito mulheres, sentadas na minha varanda, todas muito diferentes entre si e tão iguais, a adolescência vivida juntas, na intimidade que se perpetua.

Uma gargalhada às vezes, confidências soltas, o conforto de um entendimento sem esforço.

A imprevisibilidade é mais assustadora que a ideia da morte.

    Fazemos planos porque seria devastador conviver com o imponderável.

Contou-me minha mãe que, em sua festa de casamento, um amigo do meu pai pisou várias vezes na cauda do seu vestido. Talvez estivesse bêbado. Sem saber o que fazer, ela foi reclamar com meu pai, que não levantou um dedo, achou que era enjoamento dela. Talvez ela tenha imaginado isso.

    Minha mãe tinha só dezoito anos e era a primeira vez que ficaria sozinha com um homem. Meu pai tinha trinta e um.

Os ovos iam para a escola com carinhas pintadas em suas cascas. Eram o lanche dos meus filhos, às vezes. O sal ia à parte, embrulhado em alumínio.

O pôr do sol estendendo-se sobre o Rio Negro, e todos no navio disparando seus celulares, mandando fotos para as redes sociais. Eu entregue àquela bola de fogo, àquela confusão de cores, calada, sozinha.

Não tenho celular nem entro em redes sociais. Minha vida é recolhida, uma chaleira no fogo, uma vasilha com pistaches, e a lembrança da menininha me chamando de piratinha ao tirar a venda do meu olho quando operei a catarata.

"Com a minha filha não, com a minha filha não, com a minha filha não", era só nisso que eu pensava naquela sala sem janelas, sozinha, à espera de um bebê que não nascia da minha filha, sem que eu soubesse o motivo, sem que eu quisesse rezar, mas invocando os santos, os mortos, os anjos, pedindo por aquela criança que surgiu com olhos de maré cheia e me faz mergulhar em encantamento.

Hoje, percebi-me não desejável, e a solidão ficou ainda maior. Não foi pela visão do outro, mas pela minha própria, pelo meu braço envelhecido, a roupa que já não me cai bem.

Os dias se engolem como peixes em desenho animado. Dou um passo por vez, e quando me dou conta, o rastro do tempo já vai longe.

Nem minha amiga ela era. Foi pra nossa casa depois do aborto, dizendo não ter pra onde ir, querendo nosso sofá, nossas noites de sono, nós dois indo à farmácia pechinchar os remédios, dinheiro pingado, vida difícil, e a casa passando a ter um cheiro estranho.

Eu não queria aquela mulher ali, amiga dele talvez, mas ela foi ficando sem nenhum constrangimento, eu no desconforto, e ele permitindo, calado, esquivo.

Do que eu mais me lembro é das calcinhas mal lavadas que ela pendurava na torneira do chuveiro. E do cheiro.

Minha barriga crescendo. Era o primeiro.

Minha filha no palco, o público às gargalhadas. Saio do teatro com um nó na garganta e os olhos marejados. A profissão da minha filha é alegrar o mundo.

Na casa da minha avó, a árvore de Natal tinha, entre dezenas de enfeites, umas velinhas de vidro contendo um líquido que borbulhava quando eram ligadas na tomada. Para mim, era magia pura e foi uma das muitas razões que me levaram a me encantar com o Natal. Com a minha avó, nem tanto. Ela não via a menor graça em mim e tinha uma nostalgia portuguesa que me mantinha à distância.

Chuvaria. Não vejo palavra melhor do que a inventada pela menina de cabelos dourados para descrever a chuva mansa, alegre e criadeira em que nos banhamos naquele dia de calor.

E então, selada numa tristeza absoluta, fomos morar numa cidadezinha à beira-mar, repleta de passado e de luz, infestada de mosquitos, formigas, morcegos, baratas de todos os tipos e uma barulheira estridente, onde só cabia andar descalça, no máximo sandália de dedo. Nunca fazia frio, e o inverno era apenas a estação das chuvas, sem qualquer recolhimento.

    Naquela terra que me era tão estrangeira, pari dois filhos e tive medo de que Deus me atentasse pela segunda vez.

Por muito tempo, ele foi a minha verdade. Pouco importa que sejamos tão diferentes agora, o jeito como ele ficou. Foi com ele que fui me desdobrando, me preenchendo, foi com ele que fui abrindo portas, me aventurando, parindo, foi com ele que senti a dor mais lancinante, a alegria mais extrema. Não por causa dele, mas ao lado dele.

Eu estava lá, sozinha na beira do mar, vendo meu pai atravessar as ondas e ir mais para o fundo. Nenhuma vontade de entrar na água, quando um homem se aproximou dos meus seis anos e perguntou o que eu olhava. "Meu pai."

Ofereceu-se para me levar até ele. Não aceitei. Medo da água, sensação estranha.

Quando meu pai voltou para a areia e soube, ficou furioso. Perguntou quem era.

Um homem sem rosto.

Eu ali, na ida e volta das escalas intermináveis do piano, um professor bonito e inexpressivo, meus irmãos brincando lá fora com o cachorrinho que tinha acabado de chegar. Eu ouvia as risadas e a hora se encompridava. Quem gostava de cachorro era eu.

Meus dois irmãos e meu pai não foram ao enterro do meu bebê.

No cemitério, pensei em mandar abrir o caixão. E se ele não estivesse morto?

Seis ameixas vermelhas, sumarentas, duas para cada um de nós, dentro de um saquinho de papel, presente do amigo. As mesmas ameixas que meu pai trazia em caixas e que talvez nem custassem tanto, mas eram seis, tudo o que cabia em nossos bolsos furados, em nossas vidas intensas, às vésperas do Natal. As ameixas de casca lisinha e escura. Coloquei a primeira na boca e senti na explosão do seu suco a lentidão de um prazer desejado.

Uma casa com quintal, a barriga de cinco meses, o cachorro de volta, um caminho que se estendia à frente e que eu julgava reto e sem tropeços.

As ameixas me escondendo a inquietação do mundo.

Um negro sem nariz e de rosto bondoso pedia esmolas à porta da igreja todos os domingos. Estendia o chapéu e agradecia. O tempo todo em pé. Minha mãe nos dizia para não olhar para ele, era falta de educação. Eu olhava e tinha medo; não dele, mas da falta daquele nariz em um homem que pedia esmolas usando paletó.

De hora em hora fui recebendo buquês de rosas. De todas as cores e tamanhos. Meu aniversário. As flores vinham de um homem que me amava. Não era por sentir culpa. Ele era um homem bom.

Um dia, cada um à sua maneira, todos eles fecharam a porta e me deixaram do lado de fora. Os filhos crescem. A mãe persiste. O mundo silencia.

Às vezes, a angústia fica insuportável, e acho que preciso vomitar, mas não vomito, e ela vai passando, devagarinho. Ou vai se perdendo no suor de cada golpe de enxada que dou nas pragas que se acumulam. É o que me parece.

Sem perceber, atravessei todo o recreio dos meninos com a saia suspensa, presa na calcinha. Tinha ido ao banheiro. Quando me dei conta, entuchei a vergonha para dentro do peito, soltei a saia e me virei pra avaliar os meninos. Continuavam jogando bola. Nenhum ar de deboche. Nenhum olhar de esguelha. Ninguém reparou em mim.

Chegou à casa onde estávamos hospedados, eu e o filho, bebê ainda, dizendo que sentia saudades. Sentou no chão para brincar com o menino.

Minutos depois, ela tocou a campainha. Alegou que estava passando por lá, lugar por onde ninguém passava, longe demais. Os dois numa conversa frouxa.

Não precisei de muito para compreender.

Por um longo tempo ele me chamou de louca. Foi confessar mais de um ano depois.

Uma coruja cismou com o duto de exaustão do meu aquecedor a gás e entra lá toda noite. Ouço o barulho e vou até a porta dar uma espiada na ponta de saída. Ela fica lá, me olhando por um tempo, e sai voando. Depois volta. É uma coruja pequena, feinha, olhos enormes. Tenho uma vaga convivência com corujas porque cinco delas, em dias distintos, já caíram na minha sala pela chaminé da lareira. Uma delas era carijó, uma lindeza. A outra era coruja de histórias de fada. Quatro delas foram postas para fora com certa dificuldade, mas voavam com suavidade pela sala, sem esbarrar em nada. A quinta foi achada em cima do varal, exausta, depois de um dia todo presa dentro de casa.

A do duto faz uma barulheira quando chega, sapateando lá dentro. Estou até me acostumando. Já não bato no duto para que ela saia. Só abro a porta e olho para a abertura. Ela fica lá, me esperando, os olhos fixos.

O abraço do meu filho inacessível me calou mais do que todas as palavras não ditas.

Mesmo tendo netos, minha mãe gostava de passar os Natais longe da família, em outro país, sozinha. Gostava de ser convidada para se sentar em uma mesa estranha, ao lado de desconhecidos. Arrumava amigos efêmeros e passageiros. Para ela isso bastava.

Em seus últimos anos, minha mãe teve dificuldade para abrir a boca.

Eles rezam para um deus cruel, vingativo e vaidoso. Procuro um deus que não conheço e não entenda de rezas nem de promessas. Um deus perplexo com o pouco que sabemos.

Meu cachorro cisma com os aviões que riscam o céu com um traço branco de condensação. E late frenético até eles irem embora. Nunca tinha tido cachorro que fizesse isso.

    O envelhecer é solitário. Época de contemplar cachorros e lagartas. Mas minha casa está florida de íris, e por um mês a vida não vai me parecer tão difícil.

    Olho-me nas fotos e acho que fiquei com o rosto bruto.

"Tatá", é assim que ela me chama, "o que eu vou fazer quando você morrer?"

Numa estação de metrô em Nova York, os músicos de jazz, todos velhos e da maior competência, acenaram para mim quando entrei no trem.

    Eu tinha deixado algum dinheiro para eles em troca da alegria que me deram com sua música.

    Guardo esse aceno na comunhão com o indizível.

Acho bonito dizer capitão de fragata. Nem sei o que é um capitão de fragata. Desconfio.

Ainda me lembro da sensação da chave dele girando na porta da entrada. Um clarão dentro do peito, e eu descendo desabalada pela escada, ao seu encontro.

Minha avó ficou grávida logo depois da minha mãe, filha dela, e teve uma menina, que era o que o meu pai queria. Para o meu pai, veio um segundo menino, e minha mãe voltou a ficar grávida dez meses depois. Minha avó fez o mesmo. Então, nas festas de família, para angústia da minha mãe, os holofotes eram para as duas, para a barriga das duas.

    Dessa gravidez nasci eu, doze dias antes do meu tio.

    Minha mãe passou a gravidez toda pensando em suicídio.

A escada rolante, a caneta esferográfica; os degraus se recolhendo, a bolinha buscando tinta. Pura magia para os meus quatro anos. O computador e o celular não me despertaram qualquer encantamento. Mas o avião sim, por muito tempo, até o dia quando já não se podia acenar para quem partia, não havia mais escadinha e deixaram de oferecer escova de dente.

    Viajar de ônibus ainda guarda seus mistérios. O motorista à frente, conduzindo um rebanho de sonhos, nostalgia, ansiedade e desespero. O silêncio da noite, o sacolejar do monstro.

Estávamos todos prontos para ir à ceia de Natal quando a menina de cabelos dourados resolveu se embelezar. Colocou dois brincos enormes de fantasia de princesa, que de tão pesados precisaram ser presos com cola – ideia dela. Carimbou braços e pernas e pintou as sobrancelhas com pincel mágico dourado e prateado. Ficou muito satisfeita.

Ao vê-la, a mãe, que tinha trançado seus cabelos, sorriu e exclamou: "Tão linda esta minha Frida Kahlo!".

Os manacás floridos em branco e roxo na descida da Serra do Mar, a entrada de Santos cheia de urubus beliscando os restos de carne despejados pelo matadouro a céu aberto. Um cheiro insuportável. Nem parecia que o mar estava logo ali.

    Era assim nos meus oito, nove anos.

Minha mãe faz viagens imaginárias de trem e se preocupa por ter deixado as malas na estação. Comenta ter vindo num trem muito silencioso, quase vazio, e que uma mulher inconveniente lhe dizia que ela estava muito velha para viajar. 92 anos. Depois, insiste em saber o horário da partida de um navio inexistente. Digo que as malas estão trancadas num guarda-volumes e que o navio sai às 18h. Ela sossega.

    A menina de cabelos dourados desenhou um retrato da bisa de sorriso aberto, sentada em uma poltrona. As duas mal se falam, mas a menina gosta de ir até lá e sempre reclama na hora de ir embora.

Chego em casa e me sustento nos livros à minha espera. Eles contornam minha transparência, me dão cor e volume. As palavras sobem e descem pela minha coluna, endireitando-me as costas, alentando minha respiração. Não estou tão só.

A difícil visita do meu filho, meu amor mal colocado, o dele sôfrego.
 Nós dois ancorados na mesma esperança...

Encerramos o dia ao telefone, já de madrugada, trocando confidências ou nem tanto. Conversa de comadres. Nossa convivência é coisa do encompridado dos anos. Nossos filhos cresceram juntos. Parte minha está guardada nela, nem sei quanto, porque a memória tem seus enganos. Do aparelho nos dentes aos desejos não cumpridos, às ondas do mar, Lucian Freud, nossas conquistas e descobertas. Somos almas gêmeas em nossas diferenças. Mas ela não traz a minha melancolia.

Quem me tira da transparência é a menina de cabelos dourados, que grita de alegria quando chego e me chama para brincar. Levamos quase meia hora para andar um quarteirão até a padaria. No caminho, cachorros, bruxas, folhas, pedrinhas e coroas-de-cristo, para as quais ela me alerta. Às vezes vemos algumas pombas ciscando. E andamos com passos de ganso, ou sapateamos em cima das tampas de ferro. Ela sempre escolhe uma boneca ou um bicho para levar à padaria. Nem sempre é a Ursa Lúcia.

Pouco aproveito as jabuticabas e lichias, porque os esquilos fazem uso delas antes mesmo de maturar. Agora surgiram os saguis, e a concorrência tende a crescer. Os quatis não chegam perto por causa dos meus cachorros. Um vizinho me disse que os quatis rosnam para ele, não têm medo. Passam aqui por perto aos bandos. Entram nas casas e assaltam os armários, as despensas. Há quem erroneamente deixe frutas para eles. A população aumenta. Estão enormes.

É uma menina que gosta de escutar "Asa Branca", Stacey Kent e "Sabiá Lá na Gaiola".

Diz que nasceu para ter gatos.

Me escreve bilhetes de amor e, quando dormimos juntas, acorda no meio da noite e me pede um abraço.

Repara quando troco de anel, me aponta a lua cheia.

Acha engraçado eu ter medo do mar e se exibe furando ondas, levando caldos, sorrindo. "Eu não tenho medo de você", é o que ela grita pro mar.

Pulou de um trampolim de três metros e me disse que parecia estar voando. Quase fechei os olhos por medo de olhar.

Já anda de bicicleta sem rodinhas, lê histórias para mim.

Gosta de rabanetes e tremoços.

Agora ela tem sete anos.

Ela foi deslizando lentamente o dedo de unha bem feita pelo balcão do café do aeroporto até cair desmaiada numa queda suave. Foi assim que eu soube que aquela minha tia estava grávida. Guardo esse gesto até hoje como uma das mais delicadas expressões do feminino.

Minha tia desmaiando no chão do aeroporto, sem conseguir responder a uma pergunta minha. Não me lembro de qual foi a pergunta.

Entrou na minha casa, na minha cama, na minha vida, tudo num dia só. Esse homem de botinas e andar felino, que depois disso paira na minha vida feito sombra boa. Por onde ando vejo o seu retrato e sinto o doce cheiro do seu charuto.

Era uma lareira falsa, uma lareira elétrica, com pedras de vidro que ficavam incandescentes, simulando brasas.

Hoje, talvez eu achasse aquilo um horror, sentiria falta do crepitar da lenha, do aroma se espalhando pela casa, mas era coisa da minha infância, da casa do meu avô, e para mim era um deslumbramento.

Ficava debaixo de um espelho enorme, que refletia uma das escadas que levavam ao andar de cima, e por essa escada eu descia arrastando o robe de veludo da minha tia, como se fosse uma cauda, e me sentia uma princesa.

Nada sai do lugar, nenhuma luz se acende ou apaga, nenhuma porta se abre sem a minha vontade. Dentro de casa, apenas os ruídos que eu mesma provoco.

    Só a visita da menina de cabelos dourados devolve-me a alegre bagunça dos tempos em que fui mãe.

A mudança de horário do ônibus faria com que ela tivesse de ficar quarenta minutos a mais no ponto, debaixo do sol quente. Juntou-se ao coro de reclamações das mulheres que também aguardavam, queixou-se pelo celular ao namorado, um caminhoneiro.

Dez minutos depois, lá estava ele, freando a carreta enorme ao lado dela, descendo e lhe abrindo a porta do passageiro: "Suba, amorzão. Vamos pra casa".

A vida não se resume a pagar contas e trocar botijão de gás.

O homem estava lá, jogado no chão, na frente da escola, camisa aberta, a barriga chupada, palpitando de fome. Não falava.

Nos meus dez anos, achei que o melhor seria lhe dar vários pratos cheios de comida. "Não é assim, não pode, tem de ser aos poucos", me disseram.

Imaginei quanto tempo levaria para aquela barriga voltar a ficar cheia.

Achei o gambá preso no alambrado, a metade do corpo raspando num prego saliente. Parecia morto, mesmo tendo os olhos abertos. Mexia muito de leve uma das orelhas. Meu filho pegou o bicho com cuidado e colocou-o na beirada da mata em frente à minha casa. Meia hora depois ele já não estava lá. É verdade que, quando ameaçado, gambá se finge de morto.

De vez em quando, escrevo cartas para a menina de cabelo dourados só para ela ter o prazer de abrir o envelope cheio de selos e desdobrar o papel que vai dentro.

Pus meus filhos pequenos no carro e fui para o litoral norte. Pneu careca. Eu nem sabia o que era um pneu careca. Estrada cheia de curvas, um filho vomitando no banco de trás.

 Chegamos à casa dos amigos. Casa cheia, mar tranquilo, tempo bom. Uma pausa de dias fáceis, risadas, o mundo cabendo na palma da mão.

 Na volta, três dos amigos decidiram me comboiar com seus carros. Medo do meu pneu careca.

 Sempre gostei desses cuidados homem-mulher.

Ouço minha mãe esquecer seus mortos, dizer que tem setenta anos, quando tem noventa, que não quer mais filhos e vai ser atriz. Em meio à confusão de pensamentos, minha mãe finalmente afirma seus desejos.

Faço a lista dos mortos para ela, mas não incluo o nome do meu pai.

A gambá tinha sido atropelada e atirada para um canto da rua. Seus filhotes, ainda pelados, subiam pelo seu corpo. Olhei aquilo sem saber o que fazer. Ainda hoje essa imagem não me sai da cabeça.

Em encontro do acaso, com gente passando por perto, o pai lhe disse: "Você merece um berro em cada olho".

    Aquilo era um sonho. O pai estava morto havia mais de vinte anos, afastado dela havia mais de quarenta. Achou estranho aquilo. Um berro em cada olho. Por que não um tiro? Porque o berro era de arma, não de grito.

Ela veio para a minha cama numa noite em que a insônia me cravara os dentes. Colocou o braço sobre o meu peito. No mesmo instante, adormeci. A menina de cabelos dourados.

Ainda que eu não me visse com nenhuma formosura, fui finalista num concurso de beleza em uma viagem de navio. Eu tinha quinze anos e viajava com o meu avô, tão enérgico quanto o meu pai, que não me deixava olhar pro lado. Mesmo assim, meu avô achou divertido e torceu por mim. Sempre torcia.

A consagração seria num desfile na pista da boate, onde as meninas seriam escoltadas por um rapaz de livre escolha.

Nos infindáveis cinco minutos percorridos por mim, não tive nenhum controle sobre os músculos do meu rosto, que se repuxaram, subiram, desceram, levando-me a fazer caretas, arreganhar os dentes, numa frenética tentativa de sorriso.

Minhas concorrentes foram só placidez e segurança.

Depois de vários dias de chuva, cogumelos de todos os tipos propagam-se pela chácara: achatados, redondos, em formato de cone, grandes, pequenos, em cachos, isolados, claros, escuros, nos chãos, nas árvores. Todos efêmeros.

Minha amiga se foi de uma hora para outra, levando todas as nossas confidências. Tenho o retrato dela em frente à minha cama, num quadro repleto de fotos. Ela sorri.

Envelhecer é voo solo, um aprender ao contrário, um gotejar de perdas progressivas e irreversíveis. Peixe-beta em aquário. Badaladas de relógio.

Durmo sempre muito mal, levei um tombo violento e ridículo.

A gente percebe que está envelhecendo quando começa a sentir medo de cair. E cai.

Fico na expectativa de que as dobras da vida se desdobrem e de que o fim não seja essa coisa amorfa e impenetrável.

Por uma semana, a menina de cabelos dourados tomou banho com o sabonete que esqueci em sua casa. Disse que era para matar as saudades.

Mãe, não deu pra gente ir na pitisaria. Você não telefonou, então eu jantei. A gente vai otro dia.

Minha filha, aos seis anos, procurando relativizar meu atraso na volta do trabalho, falhando no que tínhamos previamente combinado.

Não esqueço esse gesto de amor.

"Se agradecer vou ficar ofendido."

"Não vou agradecer porque seria apequenar a nossa intimidade. E eu nem sei se existe a palavra apequenar, mas você entendeu."

Foi ele quem me recolheu e me pôs de volta no galho.

A morte do meu amigo não me mandou notícia; não senti arrepio, nem engasguei com o café à hora em que ele morreu. Soube depois, pela filha, e tentei resolver aquela dor, fazer com que ela entrasse a pulso e se transformasse em lágrimas. Não consegui. Ainda não me calou o entendimento de que ele esteja agora inacessível.

    Meus amigos. Minha vida pontuada por meus amigos. Benditos sejam.

A parte que me falta paira pela minha sombra, uma névoa impalpável. Boi da cara preta, casaquinho de tricô, móbile de borboletas, sapinhos de arroz. Um começo sem fim, uma ida sem volta.

    Ficarei para sempre corcunda ou manca.

Um dos homens da manutenção daqui onde moro me disse que eu estava com olhos penosos. Achei bonito. Os olhos penosos são por conta de uma gripe que me cravou as garras. Saio pra andar com os cachorros, achando que preciso deste sol de outono. Oito quilômetros. Volto pra casa e durmo quase duas horas. Quando acordo está tudo igual.

Aos dez anos, fui escolhida para tocar bongô na apresentação de fim de ano da minha escola. Num teatro. A ideia era escolherem um menino, mas nenhum deles conseguiu manter o ritmo até o fim. Só eu. Maior orgulho. O problema foi quando pensaram na apresentação. Eu ali, sentada no chão do palco, fantasiada de indígena, pernas cruzadas na frente do corpo, o bongô encaixado no meio delas. Impossível. Mesmo com calça comprida, short, impossível. Não sei se o impossível veio da escola ou da minha mãe, se foi unânime. Me puseram na coxia. Toquei bongô na coxia do teatro. Ninguém me viu.

Ou talvez eu nem tenha tocado bongô, resolveram me dispensar por ser impraticável tocar na coxia.

As duas lembranças me são perfeitamente nítidas.

"Você me dá azar." Foi o que um dos meus filhos me disse.

"Você só enxerga o mundo pelo seu prisma", me disse o outro.

Não respondi a nenhum dos dois e não respondo agora. Meu tempo ficou curto.

Chego em casa e encontro milhares de formigas mortas ao lado da lavanderia. Um tapete de formigas mortas, amontoadas, todas iguais. As que ainda viviam lutavam umas com as outras ou subiam desabaladas pelas paredes, pela janela, entravam em casa. Depois, também acabavam morrendo.

Não entendi o que houve. Filme de terror. Pensei que poderia ser um presságio mas nada aconteceu. Até agora.

Recolho ninhos caídos, encontrados enquanto caminho, e borboletas que morrem dentro de casa.

Guardo esses achados em função de homenagem.

De vez em quando, mostro para quem vem à minha casa. Ninguém parece prestar muita atenção.

O negócio dele era mesmo a música, queria ser cantor, compositor. Então, quando veio em casa buscar serviços de pintura, soltou uns trinados sertanejos na minha cozinha. Sem pudor, numa audição privada. Achei bonito. Acompanhei.

Aos setenta, as lágrimas já não me vêm com facilidade. Preciso de um bom choro, mas os olhos permanecem secos. Preciso dar um grito. Tenho medo de me acharem louca. Descubro um jeito de gritar sufocado, para dentro, com a boca escancarada. Resolve um pouco. Mas não basta. Ainda quero choro molhado, soluçado, até perder o fôlego.

A menina de cabelos dourados me liga para dizer que tem lua cheia e espera no telefone para eu ir lá fora conferir. É uma lua gorda, amarela, deslizando por entre nuvens.

    A menina de cabelos dourados me faz olhar o céu.

Minha mãe partiu sozinha, tão sozinha como sempre viveu. Tempos de pandemia. Deitada em uma cama de hospital, sedada, tomando morfina.

O silêncio de vida toda da minha mãe ressoou em mim como sinos à distância. Nunca foi um conforto, mas acima de tudo um alerta. E restou como um enigma.

Mesmo assim, com ela aprendi a dar crédito às coisas simples, e isso calçou minhas turbulências.

Não consegui achar uma foto da minha mãe com filho no colo que não fossem as tiradas em estúdio fotográfico. Foi mãe de cinco.

Nunca gostei das lâmpadas led, brancas, que na verdade têm luz azulada. Lembram-me velhos botecos, açougues sujos, padarias de pão borrachudo. Acabei tendo de comprar uma para o meu portão.

    Então a menina de cabelos dourados esteve aqui, olhou a luz e comentou que parecia a luz da lua. Penso nisso toda vez que anoitece.

Quinze dias depois de eu me perder de ansiedade no diagnóstico da minha filha, quebrei o dedo do pé, parada, de um estalo. Até escutei o barulho; parecia graveto se partindo.

    Fico pensando se a fratura foi uma maneira de transferir parte da dor dela para mim, de tentar me livrar do susto, se foi por impotência ou medo. Ou se foi mesmo só um dedo quebrado, fratura por fadiga, pura coincidência.

O pinheiro de Natal continua na minha sala. Os enfeites já estão guardados, o Natal já vai longe, mas o pinheiro continua perfumando a minha casa, e sou grata por isso nestes tempos tão difíceis.

Tento entender a minha mãe mesmo agora que ela se foi. Tão hermética, tão trancada...

Leio seus diários de viagem. São dezenas. Ouço-a falar do tempo, descrever os hotéis, os passeios, os restaurantes, os garçons, comentar os aeroportos e as viagens de avião, mas não encontro a minha mãe.

No diário de uma viagem feita com as filhas, o verbo vem na primeira pessoa do plural, mas as filhas não aparecem. E eu estava lá.

Também no diário da viagem feita com meu pai e meus tios, viagem longa, nenhum dos três aparece.

Minha mãe sempre viajou sozinha.

A gata da menina de cabelos dourados é arisca, pouco vinha perto de mim.

Quando meus pulmões desandaram, ela se deitou no sofá a meu lado e de lá não saiu, sentinela.

Meus cachorros vinham me conferir, quando, exausta, eu me deitava no silêncio da minha cama. O maior chorava. Nem ler eu conseguia.

Minha casa parecia imóvel. Com sete dias fui buscar ajuda.

Até conhecer o homem com boa empunhadura, eu me recusava a dançar. Medo de pisar no pé do outro, de ver confirmada a minha inabilidade.

E então ele veio.

Convidou-me uma vez, insistiu duas, e na terceira não admitiu desculpa nem recusa.

Passei a noite feito cisne deslizando em lago sereno, descobrindo cada centímetro do meu corpo na pegada daquele homem bom que vertia música a cada passo.

Aos poucos, meus traços vão sumindo em rugas, vincos, pele flácida. Estou me desmanchando. Não me reconheço.

"Tatá, li no Google que mulher de bunda grande vive mais tempo."

"Ah, mas eu tive uma prima de bunda grande que morreu muito cedo."

"Ichi!"

Então conheci o médico que me olhava nos olhos, e não na tela do computador. Ligava para a minha casa querendo notícias, me mostrou a foto da filha bebê.

Vou me enredando em afetos.

O guapuruvu floriu depois de dez anos que a gente não se via. Flores amarelas. Não sei se são sempre amarelas as flores do guapuruvu. Floriram bem acima do meu telhado, pude vê-las da rua. Pensei em ligar para ele e contar, mas me contive.

    O ruído do vento na mata me lembra o mar em dias de fúria.

Agora sou eu na cama da UTI, pulmões avariados. Órgão do afeto, dizem uns; da tristeza, dizem outros.

    Cercada do carinho dos enfermeiros e de pessoas queridas, tudo o que quero é me libertar das amarras e voltar para o silêncio da minha casa. Quando me sinto melhor, os exames indicam piora. Quando me sinto pior, os exames indicam melhora. Respiração ofegante.

    Os médicos dizem que preciso repensar minha biblioteca, me afastar dos livros, talvez da minha casa. Os médicos querem que eu renuncie a mim mesma.

É o que eu sempre penso: o prático é inimigo do afeto.

As mãos, meu problema era com as mãos, o que fazer com elas em público. Qualquer público. Pequenas e delicadas, dedos compridos, unhas ovaladas, viravam duas patas quando expostas.

    Foi numa fotografia que percebi como minhas mãos tinham criado vida própria. Segurando o microfone com uma delas, gesticulava com a outra num encontro literário. Minha interlocutora não concordava comigo. Eu muito menos com ela.

Um jacu perdido no meio da sala, os cachorros ensandecidos, nós todos desarvorados, o telefone tocando.

O prejuízo foi mínimo. Ele saiu do mesmo jeito que entrou, mas na revolta, esganiçado.

A cachorra mais velha, outrora ferrenha inimiga de gambás e ouriços, nem levantou a cabeça.

Meu corpo sem comando, sabendo exatamente o que tinha de ser feito. Sons guturais subindo das minhas entranhas. E eu ali, entregue àquela plenitude, parindo meus filhos em total comunhão com o universo. Nunca mais senti algo parecido.

Depois que eu me for, ela ainda se lembrará de mim? Quando tiver o primeiro namorado, o primeiro susto, quando levar o primeiro tombo, quando sair do cinema com o coração extasiado, a primeira vez em que se trancar no quarto tentando entender a vida, quando quiser que o tempo voe, quando quiser que o mundo pare, quando olhar as ondas de um mar estrangeiro, ela ainda se lembrará de mim?

    Agora, já se vão onze anos.

    A menina de cabelos dourados.

© 2025 Elisa Nazarian.
Todos os direitos desta edição reservados à Laranja Original.

www.laranjaoriginal.com.br

Edição Bruna Lima
Projeto gráfico Marcelo Girard
Produção executiva Bruna Lima
Diagramação IMG3
Imagem da capa Timothy Gonsalves, Grass and Deodar in Monsoon Mist, Manali, Himachal, India. 3 Sep 20, Creative Commons Attribution-Share Alike 4.0

Dados Internacionais de Catalogação na Publicação (CIP)
(Câmara Brasileira do Livro, SP, Brasil)

Nazarian, Elisa
    Nem sempre névoa / Elisa Nazarian. – São Paulo : Editora Laranja Original, 2025. – (Coleção rosa manga)

    ISBN 978-85-92875-95-4

    1. Memórias 2. Poesia brasileira I. Título. II. Série.

25-248986   CDD-B869.1

Índices para catálogo sistemático:
1. Poesia : Literatura brasileira B869.1
Eliete Marques da Silva - Bibliotecária - CRB-8/9380

Laranja Original Editora e Produtora Eireli
Rua Isabel de Castela, 126
05445-010 São Paulo SP
contato@laranjaoriginal.com.br

Fontes Arnhem   *Papel* Pólen Bold 90 g/m²   *Impressão* Psi7   *Tiragem* 250 exemplares